Os Astros e Você...

Touro

EDITORA EKO

Rua das Missões, 696
89051-000 - Blumenau - SC

Editoração Eletrônica
Big Print Comunicação Visual

Compilação e Texto
Selma Rutzen / Dinaê S. Gelhardt

Revisão
Helena Cristina Lübke

IMPRESSO NA CHINA

Dados Internacionais de Catalogação na Publicação (CIP)
(Câmara Brasileira do Livro, SP, Brasil)

Touro / [compilação e texto Selma Rutzen e Dinaê S. Gelhardt] .
-- Blumenau, SC : Editora Eko, 2009. -- (Os Astros e Você)

ISBN 978-85-7324-617-9

1. Astrologia 2. Horóscopos I. Rutzen, Selma. II. Gelhardt, Dinaê S. III. Série.

08-11958 CDD-133.54

Índices para catálogo sistemático:

1. Horóscopos : Astrologia 133.54

Índice

Touro, o segundo signo do zodíaco,
representa o segundo degrau no
desenvolvimento pessoal.
É o símbolo da fase na qual o ser humano
em crescimento conscientiza-se
da existência dos seus semelhantes
e sente necessidade de relações seguras.

Os nativos de Touro são leais, confiáveis,
de postura prática e têm talento para a arte.
Protegem e cuidam de todos aqueles a quem
amam e defendem o que lhes pertence.
Os nascidos sob Touro são hospitaleiros
e amam a vida.

Os nativos de Touro têm tendência
à teimosia e ao conservadorismo.
Podem ser extremamente dados aos prazeres
da gula, o que lhes causa excesso de peso.
Ambiciosos por bens materiais, suas atitudes
podem ser invejosas, de ciúme e desconfiança
em relação aos seus próximos.

Touro

(21 de abril a 20 de maio)

Simbologia

Regente planetário

Vênus é o regente do signo de Touro.

Vênus é a deusa do amor, símbolo da beleza e da sensualidade. Ela também tem forte identificação com as artes e a música. Em seus protegidos do signo de Touro ela desperta o desejo por paixão, calor humano e segurança.

Símbolo do signo

Na era da computação, o símbolo do todo-poderoso Touro é este:

♉

Elemento regente

Terra – o símbolo da estabilidade.

As pessoas nascidas sob o símbolo da terra destacam-se por suas qualidades espirituais. Suas características visíveis são: a paciência, a dedicação ao trabalho, mas também a teimosia, o gosto pela crítica depreciativa e pelo consumismo.

O Touro no firmamento

Durante o inverno, os observadores do espaço o encontrarão com relativa facilidade.

Sua estrela-guia de cor avermelhada, o aldebarã, dá a ideia de um olho de touro que tenha sofrido um derrame. Encontra-se distante da Terra 65 anos-luz (um ano equivale a aproximadamente 9,46 bilhões de quilômetros).

A constelação de Touro na mitologia

Os antigos egípcios viam no Touro a reencarnação de Osíris, o deus da fertilidade.

Além da fertilidade, a constelação para eles significava preparo do solo e crescimento.

Da mesma forma como em outras passagens interessantes da mitologia grega, Zeus, o deus de todos os deuses, era conhecido muito além das fronteiras do seu sagrado Olimpo, para grande desgosto de sua esposa Hera.

Acontece que Zeus, não obstante as violentas broncas de sua esposa, também não conseguia fechar seus olhos divinais diante das demais beldades femininas.

Assim também ocorreu diante de Europa, filha única do rei fenício Agenor. O endeusado Zeus encantou-se com a graciosidade da princesa, que brincava com suas amigas na beira do mar.

"E agora? O que fazer?", perguntava-se Zeus. Foi aí que lhe veio a ideia salvadora.

Com a rapidez de um raio, transformou-se num touro muito bonito, de pelo marrom e brilhante, para então se aproximar cautelosamente da bela Europa.

Fascinada com a beleza e força do touro, a princesa acariciou o suposto animal e até pediu para montar nele. Mal se acomodou em seu dorso, Zeus ergueu-se e raptou a jovem, levando-a à ilha de Creta. Ali chegando, transformou-se numa águia, voando para Gortys, capital de Creta, localizada no centro da ilha.

Ali, debaixo de um plátano e de modos nada gentis, Zeus transformou Europa na mãe de Minos, Radamantis e Sarpedon, os antepassados que deram

origem aos minoeus.

A árvore de plátano, onde o deus dos deuses engravidou Europa, a partir daquele tempo, nunca mais perdeu suas folhas.

CARACTERÍSTICAS

Preferências e conhecimentos acerca desta constelação

AMOR: Sensual

QUALIDADE: Fixa (estabilidade)

QUALIDADE ESSENCIAL AO EQUILÍBRIO: flexibilidade

MAIORES VIRTUDES: resistência, lealdade, paciência, estabilidade e boa disposição

NECESSIDADES MAIS PROFUNDAS: conforto, segurança material e riqueza

CARACTERÍSTICAS A EVITAR: rigidez, teimosia, tendência à possessividade e ao materialismo

SIGNOS DE MAIOR COMPATIBILIDADE: Virgem e capricórnio

SIGNOS DE MAIOR INCOMPATIBILIDADE: Leão, Escorpião e Aquário

DIA FAVORÁVEL: Sexta-feira.

O NÚMERO DE TOURO NA NUMEROLOGIA: Seis! O número da honestidade. Mas também da teimosia e da vaidade.

CORES: Azul e verde claros, além de todas as tonalidades de amarelo.

ANIMAIS: O touro e demais animais com chifres.

COMIDAS: Tudo que envolver carnes. Desde almôndegas ao assado e grelhado. Além de todo tipo de doce que engorde.

FLORES: Dominado por Vênus, o nativo de Touro adora rosas, o símbolo do amor, e todas as demais flores de estatura delicada.

ÁRVORES: Aquelas de muitas folhas e de porte grande.

CIDADE: Todas as cidades grandes situadas no Sul.

PAÍSES: A Grécia, sobretudo suas ilhas. Ali o nativo de Touro sonha e deixa sua alma flutuar. A origem dessa preferência deve ser o rapto de Europa e sua consequente sedução.

PERSONALIDADE

Particularidades positivas

Quem tem um Touro por amigo, pode afirmar: "com ele posso até roubar cavalos!" Ele é leal, confiável e seu instinto de proteger não tem limites. O nativo de Touro tem modos práticos, prefere a estabilidade e uma rotina bem organizada a adotar constantes novidades e mudanças de rumo.

Ele ainda ama as artes, principalmente o canto.

Particularidades negativas

Vênus não esqueceu de prover Touro com uma considerável medida de teimosia.

Vez por outra, o taurino também pode ser acomodado com relação às atribuições da sua profissão. Seus modos, que podem ser vistos como estúpidos pelos demais, também conseguem irritar de vez em quando.

O objetivo de vida dos nativos de Touro

"Com o andar da carroça, as abóboras se ajeitam!" Touro age assim e custa a perder a paciência que lhe sobra para levar, a bom termo, qualquer assunto espinhoso.

AFETIVIDADE

O nativo de Touro e o amor

Ela: a dama de Touro e o amor – esta não é uma aventura passageira. É bem mais. Paixão mesmo, a contida mulher de Touro só manifesta depois que todo o relacionamento estiver devidamente acomodado e compreendido. Se ele for convidado por ela, o será com muita pompa. Ao lado de vinhos seletos e petiscos refinados, a apresentação pessoal dela será um deleite aos olhos dele. Um decote profundo revela seu busto cheio de curvas, a pele suave brilha em concorrência com a luz das velas. Um cenário perfeito. Ele está sendo requisitado. Ela espera um desempenho sensual perfeito da parte dele. Como amante exigente, ela espera muito dele. Aprecia preliminares longas e necessita de muitas carícias, toques e beijos. Ela quer o prazer físico final de forma lenta, mas completa. Aquele que fizer do leito uma pista de fórmula um logo verá a bandeira preta levantada por ela pela sua performance. Mas se ela resolver ficar com aquele homem, ele será educado aos modos dela e mimado ao extremo. E mais: se ousar além de um beijinho inocente com alguma outra sirigaita, a coisa vai ficar feia para o lado dele. Ele é propriedade dela – incondicionalmente!

A conhecida tranquilidade dessa mulher de Touro poderá se tornar um vulcão em erupção cuja lava vai cobrir seu homem.

Ele: também para ele, o amor e suas nuances são secundários no primeiro momento. Tal qual a mulher de Touro, primeiro a situação precisa estar bem resolvida. Para o prazer final, ele adora as preliminares com uma bonita mesa posta com vinho de qualidade e comida fina. Vênus, a protetora desse signo, abastece-o com o dom da paciência para as brincadeiras sensuais e a consagração final de êxtase supremo. Na cama, porém, ele não é nenhum super-homem! Ele tem todo o tempo do mundo, nem se esmera em acrobacias sexuais.

O quarto para ele não é nenhuma academia de exercícios. Depois de concluído todo o ritual do prazer físico, ele adora se aninhar junto dela, debaixo dos lençóis.

Meu amigo de Touro, o que mais você procura?

Zonas erógenas

Acariciar e beijar a nuca ou o pescoço é fazer sair fumaça de todos os poros do Touro. Mordidas inocentes também o colocam em incontrolável excitação sensual.

Crise na relação?

Quando a coisa não dá mais certo, quem procura outros pastos é ele. Para aquelas que quiserem se desfazer de um nativo de Touro, basta ficar indiferente com as coisas do dia-a-dia: deixar de cozinhar, servir qualquer coisa para comer, teimar com suas ideias, e pronto! Lá se vai o Touro bufando!

Relacionamento do Touro com os demais signos

O homem de Touro e a mulher de Áries

O todo-poderoso e belo Touro, no fundo, precisa que sua parceira o disperse do sofá de frente para a televisão, que o leve a distrair-se para fora. Afinal, sabemos muito bem que ele gosta mesmo é de conforto e tranquilidade.

A dama ariana, na verdade, é a mulher ideal para o Touro, considerando que ela até faz questão de motivá-lo constantemente a mexer-se. Na cama, então, ela é um furacão; ele ao contrário não passa de uma brisa! Se ela conseguir acordá-lo, porém, ele não deixará de corresponder aos desejos dela.

A mulher de Touro e o homem de Áries

Cuidado! Pode ocorrer encrenca da grande! Ela o quer por inteiro e só para ela. Ele é seu ídolo, seu herói. Nenhum outro rabo de saia pode ficar próximo dele. Entretanto, se ela conseguir dominar seu ciúme tolo, nada vai impedir uma relação que, de monótona, não terá nem vestígio.

O homem de Touro e a mulher de Touro

Não fosse a teimosia típica dos taurinos, a dupla conviveria com altas doses de bons sentimentos. Só que, nesse caso, a obstinação se faz presente em dose dupla. Mas se o amor vencer os dois cabeças-duras, a unidade de ambos vai lhes proporcionar uma maravilhosa vida a dois. Também, na intimidade, vai reinar a paz, a alegria e o prazer!

A mulher de Touro e o homem de Touro

Neste caso, igualmente, duas pessoas de hábitos rotineiros procuram aconchego. Porém, se não velarem a relação com todo cuidado, em algum momento ela vai correr o risco de se acabar por monotonia.

O homem de Touro e a mulher de Gêmeos

Ele a considera um pouco estranha nesse seu jeito direto e para fora. Ela, por sua vez, o vê como um lerdo. Porém, se o Touro protegido por Vênus conseguir oferecer a essa geminiana seu ombro para chorar e aconchegar-se, já terá andado meio caminho para conquistá-la.

Um casamento sem papel passado é o que esse casal considera ideal. Primeiro, porque vão aprender a se conhecer melhor antes de tudo. Segundo, porque talvez economizem as custas de um divórcio.

A mulher de Touro e o homem de Gêmeos

No sexo, infelizmente ele é um pouco apressado, mas com um pouco de paciência ela vai conseguir ser sua companheira e apoiá-lo física e sentimentalmente. Uma relação na qual ambos serão fortalecidos. O gêmeo encontrará aconchego e segurança material. Para a taurina, a intelectualidade do gêmeo abrirá novos horizontes.

O homem de Touro e a mulher de Câncer

Uma relação fantástica! O Touro, com sua segurança, oferece apoio suficiente para a sensível canceriana enfrentar as agruras da vida. E o amor? Em ambos é profundo e racional e, mesmo após anos, ainda se conserva jovem e atraente e seu ponto máximo, longe de ser atingido. Essa ligação permite um relacionamento estável e abençoado para muitos taurinos e cancerianos.

A mulher de Touro e o homem de Câncer

Ternura, admiração mútua, lealdade e compreensão são as bases dessa relação. Mesmo de cabelos já brancos e o reumatismo, ele continua o príncipe encantado e jovial dela.

Ele, por sua vez, nunca teria encontrado outra esposa melhor.

Entretanto, por mais rosas que essas duas vidas tenham cultivado ao seu redor, algum espinho sempre pode machucar: o pânico de um perder o outro.

O homem de Touro e a mulher de Leão

Ambos são da paz e ponderados. Só que apenas isso não é ponto favorável para uma vida conjunta. Embora a fina dama mexesse com o ego dele, ele aprecia ir atrás de outras conquistas, além de também gostar de ser conquistado. A leoa, por outro lado, também adora esse jogo de conquistas mútuas. Assim sendo, os dois constroem um castelo de amor, num primeiro momento só para eles, mas depois o fundamento se revela sobre a areia...

A mulher de Touro e o homem de Leão

Será que isso pode dar certo? Ambos dão muito valor a coisas materiais; exigem muito da vida. A coisa complica quando a bufante taurina e o leão urrante, após um tempo de vida conjunta, constatarem que não se amam, nem sequer se toleram. Melhor desistir logo! Embora ela passe a sentir falta do brilho sensual dele.

O homem de Touro e a mulher de Virgem

Acerto em cheio! A virginiana simplesmente é uma sonhadora e o jeito com que ele a ama, protegendo-a, arrepia-a todinha. Mas ela não deixa por menos.

Recompensa-o com seu jeito ajuizado, aplicado no dia-a-dia, para as decisões certas, na hora exata.

A mulher de Touro e o homem de Virgem

Eros não manda nem um pouco nesses dois. O que conta mesmo é o dinheiro que ele puder disponibilizar para ela gastar e com o qual é tão acostumada.

Embora Eros esteja relegado ao segundo plano, a taurina não quer nenhum novato inexperiente ao seu lado. O moço, portanto, deverá ter feito por merecer o amor dela. Afinal, paixão para ele é poder banquetear-se, longe de qualquer meia-sola.

O homem de Touro e a mulher de Libra

Incompreensões farão parte do dia-a-dia desse relacionamento. Ela vive no mundo da lua. Ele sapateia sobre terra firme. Se eles conseguirem andar lado a lado pela vida, até poderá surgir uma relação duradoura. Na cama, é ele quem comanda o espetáculo. Ela vai se esforçar para agradá-lo e o sexo, portanto, será o que há de melhor.

A mulher de Touro e o homem de Libra

Pode, perfeitamente, surgir algo consistente se ambos tiverem a habilidade de criticar-se abertamente, sem ofender-se. Além disso, essa troca de observações pode conduzir à evolução da relação. A vida sexual, entretanto, é por conta de cada um.

O homem de Touro e a mulher de Escorpião

As faíscas voam nessa relação! Pelo menos na hora do "rala e rola", para que se instale um clima erótico-sensual! No dia-a-dia, porém, ela deveria ficar mais ligada aos anseios dele, se a ideia é construir uma duradoura vida a dois.

A mulher de Touro e o homem de Escorpião

Para ele, essa mulher é tudo o que um homem pode querer. Ele a deseja de corpo e alma. A arma dela, por sua vez, é bancar a tímida, a inocente, provocando o apetite sexual desse nativo de Escorpião. Uma aventura excitante, enfim, com tudo para durar a vida inteira.

O homem de Touro e a mulher de Sagitário

Tente imaginar a seguinte cena: babando e de língua de fora, o taurino segue a sagitariana. Se finalmente a alcançar e ainda conseguir ir para a cama com ela, existe o perigo de voar dali, feito uma flecha. Ela é chegada em mudanças. Caviar, de vez quando, no lugar da costumeira mortadela. Pobre taurino, se você não puder oferecer essas variações, logo estará sozinho novamente na sua pastagem.

A mulher de Touro e o homem de Sagitário

É um sabichão esse sagitariano que passa pela vida da taurina feito uma ventania, mas que, ainda assim, tenta amarrá-la. Se ela não mandá-lo às favas de imediato, há chance de estabelecer-se uma relação até bem legal. No sexo os dois se atraem fantasticamente e por magia.

O homem de Touro e a mulher de Capricórnio

Ele a presenteia com sua abundante alegria de viver. Ela retribui com um pouco de sua racionalidade e objetivo no caminho do sucesso. Ambos evitam o sexo agitado; preferem sons abafados. E assim conseguem construir uma relação sensual e duradoura.

A mulher de Touro e o homem de Capricórnio

Após o "sim" em frente ao altar e no registro civil, inicia-se um casamento alicerçado sobre juízo, cujo objetivo principal é o sossego, em ordem e disciplinada sensualidade.

A conhecida frieza dele logo será aquecida pela taurina.

Também na intimidade então haverá mais calor e brilho solar. Ela o prende, ainda mais que ele possui o que ela aprecia muito: uma carteira recheada de dinheiro.

O homem de Touro e a mulher de Aquário

Pobre Touro! Tem de se ligar justamente nessa gata excêntrica? Ela quer sentimentos apaixonados. Ele, atração física. Só isso já causa situações conflitantes nas quais o taurino quer colocar sua fúria toda para fora. A aquariana, porém, aproveita para se redimir, revelando seu gosto por conhecer novidades no campo sensual. E então, por que não com o taurino, agora todo bonzinho?

De todo modo, não será pela vida toda.

A mulher de Touro e o homem de Aquário

Ele não é tão simples assim de ser seduzido. Gosta de ser lembrado como o conquistador irresistível, levantar a tampa de panelas variadas e comer dali, e casamento, só se for como convidado. Também não gosta que tentem conquistá-lo, pois sua vida sentimental mais parece uma montanha russa.

Para essa mulher de Touro só sobra uma aventura passageira com o aquariano, embora suas fantasias sejam excitadas prazerosamente por ele.

O homem de Touro e a mulher de Peixes

Para as pouco esforçadas mulheres de Peixes, o homem de Touro as completa em muitas circunstâncias. Ambos têm tamanha inclinação um pelo outro, de modo que o amor deles borbulha como champanhe. Apoiam-se e se compreendem tão bem que a relação poderá acabar num casamento bem-sucedido, ainda mais se o taurino tiver tolerância suficiente para a sensibilidade dela.

A mulher de Touro e o homem de Peixes

A conjunção perfeita! Ela é uma escora, o apoio moral dele. Ele, por sua vez, é a fonte da vida dela. A vida amorosa dos dois é uma concordância só. Uma união profunda e de satisfação para ambos, se ele encarar as atitudes dela na base do bom humor, sem fazer-se de ofendido a toda hora.

VIDA SOCIAL

Touro e seu exterior

A aparência para os nativos de Touro é similar ao pensamento de César. Este, na antiga Roma, propagava: "quero homens gordos e fortes à minha volta!" Os homens de Touro, via de regra, são musculosos ao redor do pescoço, enquanto os ombros, o peito e as costas se apresentam largos e fortes. O poder de Touro se manifesta no andar: lento e concentrado. Para o homem de Touro, nada é mais supérfluo do que o vestuário. Sobre assuntos relacionados à moda, como estilistas famosos e aparência física, ele sequer leva a sério.

O negócio dele são aqueles trapos bem antigos, e coitada da sua amada se ela resolver expurgar aquela calça velha ou a jaqueta toda batida.

Por algum tempo ela não verá um mar de rosas em sua volta e a simpática vozinha dele não será a mesma.

Já as damas nativas de Touro são providas de muita artilharia. Outro atributo delas é a voz: agradável e envolvente, fazendo com que nenhum homem repare no busto avantajado sem antes parar para ouvir essa música para os ouvidos. A taurina também possui excelente bom gosto sem, contudo, arrumar-se com extravagância. Ela usa roupas brilhantes, tecidos elegantes e saias e vestidos rodados que enaltecem sua feminilidade. Até mesmo no rigor do inverno, sua boa aparência faz a gente se sentir envolvido pela ensolarada primavera.

As férias dos nativos de Touro

Passeios e caminhadas são os eventos preferidos dos taurinos. É ali que eles se sentem livres e satisfeitos. Uma excursão um pouco mais prolongada por uma sossegada trilha na mata ou ao longo de lagos é a consagração do programa perfeito para o Touro. Entretanto, férias na fazenda também são apreciadas por ele. Afinal, ali encontra seus tão queridos animais de chifre para admirá-los de perto. E o fazendeiro também vê com bons olhos quando os urbanos sujam seus pés com o esterco, ali em abundância. De todo modo, é bom que seja uma fazenda com algum conforto para hóspedes. Ou seja, o Touro espera encontrar instalações de férias completas com televisão, telefone e demais.

Mas o Touro também consegue passar férias maravilhosas na cidade grande: andar descontraidamente por parques grandes, horas em frente aos grandes mestres nos museus ou ouvir, encantado, os acordes dos órgãos das grandes igrejas. Óperas famosas também fazem o Touro sentir-se em casa, até porque ele mesmo adora abrir a goela e entoar as mais belas canções.

Os hobbys do Touro

Como já vimos que o Touro aprecia caminhadas, agora acrescentamos que ele ama a natureza! E é por isso que um dos seus passatempos prediletos é o cultivo da horta e jardim. Quando as hortaliças então encherem os canteiros, as rosas espalharem seu perfume sedutor e o Touro puder olhar, cheio de orgulho, para o seu trabalho, ele sentirá imensa satisfação. O segundo hobby emenda no primeiro: o Touro, tanto faz se homem ou mulher, adora cozinhar, de preferência usando o que tira da própria horta. Se a intenção do nativo de Touro for conquistar o coração de alguém com as artes culinárias, ele se torna um mestre, sem olhar os custos. Ele prepara os pratos mais incríveis, acompanhados de uma até duas champanhas, caviar e lagosta da melhor origem. É comum também encontrar nativos de Touro no campo de golfe. Ali praticam o esporte do seu coração. Ele tem um objetivo: com toda a calma do mundo, vai de buraco em buraco. Treino duro e jogada direta no buraco? – Não obrigado. Isso não é com o Touro!

É sabido que o Touro gosta de música. Mas oportunamente a paixão pela arte de colecionar pode atacá-lo. Mas nada de miniaturas de ovos! Tem de ser algo mais nobre, fino. Porcelana rara ou prata inglesa – é o que aquece o coração do Touro.

CARREIRA

A profissão dos nascidos sob Touro

Também nesse aspecto, eles procuram as ocupações que envolvem a natureza. A profissão típica do Touro é a jardinagem. Na instalação de canteiros de flores, parques e jardins eles aplicam toda sua criatividade.

Cozinhar é outra ocupação para os Touros que adoram provar novos pratos. As ocupações que envolvem talento artístico, como joalheiros e desenhistas, também são largamente exercidas pelos nativos de Touro. Mas surpreendentemente, também na área bancária, há taurinos! Sua cobiça é um aliado nas transações financeiras bem-sucedidas.

Se o Touro for chefe, ele não admite ser contrariado. Ele fica possesso, caso um subordinado manifeste opinião contrária à sua. Se ele for empregado, é preciso que suas atribuições sejam contínuas. Mas nada de correria! A mulher de Touro, outrossim, muitas vezes é encontrada como profissional de sucesso na área de criação de moda. O estilo calmo e persistente também faz dela pedagoga exemplar, além de dona de casa perfeita.

Isso, no entanto, ela não quer nem ouvir. Ela quer é ter uma profissão e, de preferência, ganhar muito bem.

Taurinos famosos

André Agassi, Fred Astaire, Honoré de Balzac, Senta Berger, Johannes Brahms, Gary Cooper, Oliver Cromwell, Bing Crosby, Salvador Dali, Danielle Darrieux, Claudius Dornier, Albrecht Dürer, Fernandel, Werner Finck, Ella Fitzgerald, Margot Fonteyn, Sigmund Freud, Max Frisch, Bernhardr Grzimek, Audrey Hepburn, Paul Hörbiger, Papa João Paulo II, Immanuel Kant, Sebastian Kneipp, Fritz Kortner, Alfred Krupp, Franz Léhar, Ruth Leuwerik, Liberace, Maria Theresia, Karl Marx, Shirley MacLaine, Yehudi Menuhin, Christian Morgenstern, Samuel Morse, Gerhard Polt, Manfred von Richthofen, Gabriele Sabatini, William Schakespeare, Axel Springer, Pjotr Iljitsch Tschaikowski, Leonardo da Vinci, Stevie Wonder, Anthony Quinn, Jack Nicholson, Al Pacino, Mariana Ximenes, Saddan Hussein, Stênio Garcia, Michelle Pfeiffer, Uma Thurman, José de Alencar, Fausto Silva, Nicolau Maquiavel, Lulu Santos, George Clooney, Eva Peron, Betty Faria.

SAÚDE

O Touro e sua saúde

Não é nada fácil uma doença abater o Touro. Também não faz parte dos seus hábitos queixar-se sobre algo do gênero. Sua tendência é sofrer em silêncio por algum tempo para então procurar um médico. Com a demora na procura por tratamento, está na cara que o restabelecimento será mais demorado. Os pontos fracos do taurino são: sinusite, torcicolo, amidalite e problemas com a tireoide. Dados aos prazeres da vida, os nativos de Touro pouco se preocupam com um estilo de vida saudável. Dieta e alimentação balanceada, portanto, são palavras desconhecidas para eles.

O Touro faz questão de saborear suas refeições. Que se danem as calorias e o colesterol! Só que mais cedo ou tarde a saúde cobra seu preço: as funções hepáticas entram em greve, um diabetes começa de leve e os ponteiros da balança fazem um círculo cada vez maior, atingindo o ponto de alarme.

O Touro e suas pedras da sorte

Ágata: na Grécia antiga, os senhores da criação gostavam de usar a ágata. Achavam que o mineral suave lhes proporcionava mais amor e atenção. Há séculos, os mercadores do Oriente acreditavam que a ágata os auxiliava a distinguir parceiros e amigos falsos dos confiáveis.

Kalsilita: esta pedra estimula a criatividade dos nativos de Touro, além de fortalecer o sentido da família.

Granito rosado: seu uso pelo Touro auxilia na fidelidade conjugal, além de evitar que ele ande em pastagens indevidas.

Rodonita: esta preciosidade é venerada pelo Touro como a pedra do amor.

Rodocrosita: da mesma forma como seu irmão mais velho, o rubi, a rodocrosita é venerada como a pedra do amor.

ESPIRITUALIDADE

O taurino é bastante materialista e muito apegado aos seus bens. Pode ser comparado a São Tomé, cujo lema é "ver para crer". Este não é exatamente um signo ligado à espiritualidade, contudo há grandes místicos ou teólogos entre os nativos. É o caso de Teilhard de Chardin, cujo pensamento religioso está submetido a um rigor lógico, quase científico, que reconcilia o material com o espiritual.

Neste capítulo, com a finalidade de acompanhamento espiritual ou de ajuda, foram escolhidas as entidades denominadas anjos protetores ou de guarda. O anjo representa a energia e a pureza do conhecimento de Deus. Segundo pesquisas exotéricas, o anjo de guarda permanece junto da pessoa desde o dia de seu nascimento até o dia do desencarne (morte). Saiba mais sobre essas entidades especialmente relacionadas ao seu signo e à data de seu nascimento.

Categorias ou qualidades de anjos de guarda e Príncipes, correspondentes à proteção de determinados períodos do signo de Touro:

De 21 a 28 de abril

Qualidade: Potências

Categoria angelical dos anjos guardiães dos animais. Protegem a procriação e a perpetuação das diferentes espécies vivas do universo.

Príncipe: Camael (remove todos os obstáculos que impedem o cumprimento da vontade de Deus).

De 29 de abril a 6 de maio

Qualidade: Virtudes

Categoria angelical que tem como atribuição orientar as pessoas a respeito da sua missão e cumprimento do karma. Com o poder sobre os fenômenos da natureza, mantém as leis que regem o universo.

Príncipe: Raphael (auxilia os trabalhos de cura, pois traz um frasco dourado, balsâmico, e uma flecha ou espada afiada, além de intermediar o casamento legítimo).

De 7 a 14 de maio

Qualidade: Principados

Categoria angelical responsável pelos reinos, estados e países, preservando também a fauna e a flora, os cristais e as riquezas da terra.

Príncipe: Haniel (auxilia a resolver os problemas de amor, pois é o líder dos cupidos; invocado contra as forças do mal, era o mestre do rei David).

De 15 a 20 de maio

Qualidade: Arcanjos

Categoria angelical responsável pela transmissão de mensagens, assegurando os bons relacionamentos, a sabedoria e os estudos. São anjos ágeis e querem ver todos felizes nesta existência.

Príncipe: Mikael ou Miguel (Príncipe de Israel, considerado um superanjo, invocado para a coragem, forte defesa e proteção divina).

Identificação do anjo de guarda pessoal e atribuições, conforme a sua data de nascimento; horários e dias em que seu anjo estará mais próximo e o número do Salmo para orar, referente a ele:

21 de abril

Anjo Iehuiah - 10h40min às 11h - 21 de abril, 3 de julho, 14 de setembro, 26 de novembro, 7 de fevereiro - Salmo 33.

Atribuições do anjo: Ajuda a reconhecer as pessoas que prejudicam seus semelhantes através da traição e a destruir os projetos dos invejosos. Protege os nobres e os coroados de luz.

22 de abril

Anjo Lehahiah - 11h às 11h20min - 22 de abril, 4 de julho, 15 de setembro, 27 de novembro, 8 de fevereiro -

Salmo 130.

Atribuições do anjo: Protege as pessoas coroadas pelo amor divino e mantém a harmonia, a paz e a inteligência.

23 DE ABRIL

Anjo Chavakiah - 11h20min às 11h40min - 23 de abril, 5 de julho, 16 de setembro, 28 de novembro, 9 de fevereiro - Salmo 114 (versículo 1).

Atribuições do anjo: Invocado para o bem-estar geral, eliminar as forças das pessoas que querem nos ofender e ajudar na reconciliação dos esposos. Domina os testamentos, os herdeiros e as partilhas de forma amigável. Mantém a paz e a harmonia entre as famílias.

24 DE ABRIL

Anjo Menadel - 11h40min às 12h - 24 de abril, 6 de julho, 17 de setembro, 29 de novembro, 10 de fevereiro - Salmo 25.

Atribuições do anjo: Invocado para manter o emprego, preservar os bens materiais adquiridos e ajudar a encontrar os bens perdidos ou extraviados. Protege contra os caluniadores e liberta as pessoas que se sentem deprimidas. Informa sobre pessoas distantes, de quem não se recebe notícias há tempo.

25 DE ABRIL

Anjo Aniel - 12h às 12h20min - 25 de abril, 7 de julho, 18 de setembro, 30 de novembro, 11 de fevereiro - Salmo 79.

Atribuições do anjo: Ajuda a obter vitórias e a ter uma vida digna. Favorece os estudos das ciências e das artes. Faz revelações sobre os segredos da natureza e inspira os filósofos durante suas meditações ou conferências informativas.

26 DE ABRIL

Anjo Haamiah - 12h20min às 12h40min - 26 de abril, 8 de julho, 19 de setembro, 1º de dezembro, 12 de fevereiro - Salmo 90.

Atribuições do anjo: Ele corresponde ao Santo nome de Deus, Agla (Deus em Trindade com o Uno). Invoca-se este nome divino para descobrir todos os segredos e tesouros da Terra. Os cabalistas afirmam que este anjo protege contra os espíritos ignorantes e primitivos.

27 DE ABRIL

Anjo Rehael - 12h40min às 13h - 27 de abril, 9 de julho, 20 de setembro, 2 de dezembro, 13 de fevereiro - Salmo 29.

Atribuições do anjo: Invocado para proteger contra as maldades e fazer com que as pessoas reconheçam seus atos e tenham a misericórdia de Deus. Ajuda a obter paz, boa saúde e longevidade. Influencia o amor paternal, filial e o respeito das crianças pelos mais velhos.

28 DE ABRIL

Anjo Ieiazel - 13h às 13h20min - 28 de abril, 10 de julho, 21 de setembro, 3 de dezembro, 14 de fevereiro - Salmo 87.

Atribuições do anjo: Protege as pessoas que exercem atividades ligadas à imprensa e à literatura. Liberta da depressão e do pânico.

29 DE ABRIL

Anjo Hahahael - 13h20min às 13h40min - 29 de abril, 11 de julho, 22 de setembro, 4 de dezembro, 15 de fevereiro - Salmo 119.

Atribuições do anjo: Invocado contra os inimigos da religião e os caluniadores. Protege a palavra verdadeira de Jesus, os seus missionários e as pessoas que propagam o evangelho às nações. Influencia as pessoas ligadas ao sacerdócio a conquistarem a paz.

30 DE ABRIL

Anjo Mikael - 13h40min às 14h - 30 de abril, 12 de julho, 23 de setembro, 5 de dezembro, 16 de fevereiro - Salmo 120.

Atribuições do anjo: Ajuda a viajar em segurança. Influencia os empresários, a alta sociedade e revela as conspirações e desordens da vida política ou social.

1° DE MAIO

Anjo Veuliah - 14h às 14h20min - 1° de maio, 13 de julho, 24 de setembro, 6 de dezembro, 17 de fevereiro - Salmo 87.

Atribuições do anjo: Destrói as forças dos inimigos, liberta os escravos, as pessoas deprimidas ou com vícios. Impulsiona a prosperidade das empresas e fortifica os que ocupam posição de destaque.

2 DE MAIO

Anjo Yelaiah - 14h20min às 14h40min - 2 de maio, 14 de julho, 25 de setembro, 7 de dezembro, 18 de fevereiro - Salmo 118.

Atribuição do anjo: Favorece a vitória em processos e dá proteção aos juízes. Protege contra os perigos de armas brancas, ou de fogo, e contra os assaltos.

3 DE MAIO

Anjo Sealiah - 14h40min às 15h - 3 de maio, 15 de julho, 26 de setembro, 8 de dezembro, 19 de fevereiro - Salmo 93.

Atribuições do anjo: Ajuda a confundir as pessoas orgulhosas ou maldosas que oprimem os humildes; estimula a boa vontade e a esperança dos desanimados. Domina a vegetação e tudo o que tem vida e respira.

4 DE MAIO

Anjo Ariel - 15h às 15h20min - 4 de maio, 16 de julho, 27 de setembro, 9 de dezembro, 20 de fevereiro - Salmo 144.

Atribuições do anjo: Auxilia a agradecer a Deus os bens que nos envia. Facilita a descoberta de tesouros ocultos. Revela, através dos sonhos, os segredos da natureza e ajuda a encontrar objetos que desapareceram.

5 DE MAIO

Anjo Asaliah - 15h20min às 15h40min - 5 de maio, 17 de julho, 28 de setembro, 10 de dezembro, 21 de fevereiro - Salmo 104.

Atribuições do anjo: Ajuda a conhecer as leis de Deus e a elevar a consciência até Ele. Faz surgir a verdade nos processos e atingir objetivos e metas construtivas. Facilita a compreensão dos atos divinos materializados na natureza.

6 DE MAIO

Anjo Mihael - 15h40min às 16h - 6 de maio, 18 de julho, 29 de setembro, 11 de dezembro, 22 de fevereiro - Salmo 97.

Atribuições do anjo: Protege as pessoas que têm premonições ou pressentimentos favoráveis. Ajuda a conservar a paz e a união entre os esposos. Concede inspiração para desvendar segredos e tudo o que precisa ser descoberto. Facilita a geração sadia das espécies, a amizade e a fidelidade conjugal.

7 DE MAIO

Anjo Vehuel - 16h às 16h20min - 7 de maio, 19 de julho, 30 de setembro, 12 de dezembro, 23 de fevereiro - Salmo 144.

Atribuições do anjo: Ajuda na elevação a Deus para todas as manifestações benéficas, colabora para a glorificação de todas as pessoas e para a admiração do reino celestial.

8 DE MAIO

Anjo Daniel - 16h20min às 16h40min - 8 de maio, 20 de julho, 1º de outubro, 13 de dezembro, 24 de fevereiro - Salmo 102 ou 103.

Atribuições do anjo: Auxilia a obtenção da misericórdia de Deus e de consolo. Favorece a justiça, o clero e a magistratura. Inspira contra a indecisão ou embaraço, quaisquer que sejam os motivos.

9 DE MAIO

Anjo Hahasiah - 16h40min às 17h - 9 de maio, 21 de julho, 2 de outubro, 14 de dezembro, 25 de fevereiro - Salmo 103.

Atribuições do anjo: Ajuda a elevar a alma a Deus, contemplar os atos divinos e descobrir todos os mistérios através da consciência e da inteligência.

10 DE MAIO

Anjo Imamaiah - 17h às 17h20min - 10 de maio, 22 de julho, 3 de outubro, 15 de dezembro, 26 de fevereiro - Salmo 7.

Atribuições do anjo: Ajuda a destruir a força dos inimigos, das pessoas que só pensam em humilhar os mais fracos e auxilia todos os que pedem socorro a Ele para a obtenção da liberdade. Protege as viagens em geral e todos os que estão desolados e solitários. Influencia tudo o que está baseado na bondade e nos ganhos monetários provenientes do trabalho honesto.

11 DE MAIO

Anjo Nanael - 17h20min às 17h40min - 11 de maio, 23 de julho, 4 de outubro, 16 de dezembro, 27 de fevereiro - Salmo 118.

Atribuições do anjo: Protege as altas ciências, influencia os eclesiásticos, os professores, os magistrados e os homens que trabalham com leis.

12 DE MAIO

Anjo Nithael - 17h40min às 18h - 12 de maio, 24 de julho, 5 de outubro, 17 de dezembro, 28 e 29 de fevereiro - Salmo 102.

Atribuições do anjo: Ajuda a obter a misericórdia de Deus e a longevidade. Protege os chefes de estado, os presidentes, os monarcas, os príncipes e todas as pessoas que dedicam sua vida à religiosidade e à caridade. Favorece a continuação e a legitimação das famílias e a estabilidade das empresas. Auxilia as pessoas que necessitam do socorro dos poderosos e propicia uma existência correta e tranquila.

13 DE MAIO

Anjo Mebahiah - 18h às 18h20min - 13 de maio, 25 de julho, 6 de outubro, 18 de dezembro, 1º de março - Salmo 101.

Atribuições do anjo: Auxilia a conquista da vitória em qualquer tipo de atividade. Tem o poder da consolação e também ajuda a proteger as crianças.

14 DE MAIO

Anjo Poiel - 18h20min às 18h40min - 14 de maio, 26 de julho, 7 de outubro, 19 de dezembro, 2 de março - Salmo 144.

Atribuições do anjo: Ajuda a vencer demandas. Favorece a aquisição de prestígio, de fortuna e a propagação de grandes filosofias.

15 DE MAIO

Anjo Nemamiah - 18h40min às 19h - 15 de maio, 27 de julho, 8 de outubro, 20 de dezembro, 3 de março - Salmo 113.

Atribuições do anjo: Contribui para a prosperidade dos que trabalham por uma causa justa. Auxilia a libertação de pessoas viciadas, encaminhando-as para uma vida saudável. Favorece aqueles que trabalham em cidades litorâneas e todos os que exercem funções ligadas ao lazer nessas localidades.

16 DE MAIO

Anjo Iealel - 19h às 19h20min - 16 de maio, 28 de julho, 9 de outubro, 21 de dezembro, 4 de março - Salmo 6.

Atribuições do anjo: Ajuda a eliminar a tristeza, a confundir os maldosos e as falsas testemunhas. Protege contra as maldades e os males dos olhos. Influencia os armeiros, os serralheiros, e todos os que trabalham, comercializam e negociam produtos de ferro.

17 DE MAIO

Anjo Harahel - 19h20min às 19h40min - 17 de maio, 29 de julho, 10 de outubro, 22 de dezembro, 5 de março - Salmo 112.

Atribuições do anjo: Ajuda a curar os problemas dos órgãos reprodutores, principalmente femininos, favorecendo a vida longa e saudável. Torna as crianças respeitosas para com os parentes, os pais, os colegas de estudo e os professores. Auxilia os corretores de valores, os agentes de câmbio, as pessoas que trabalham em órgãos públicos, arquivos, bibliotecas, e as que possuem quaisquer coleções, principalmente as raras e preciosas.

18 DE MAIO

Anjo Mitzrael - 19h40min às 20h - 18 de maio, 30 de julho, 11 de outubro, 23 de dezembro, 6 de março - Salmo 144.

Atribuições do anjo: Ajuda a curar os males do espírito e liberta das perseguições. Influi sobre a fidelidade e a obediência.

19 DE MAIO

Anjo Umabel - 20h às 20h20min - 19 de maio, 31 de julho, 12 de outubro, 24 de dezembro, 7 de março - Salmo 112.

Atribuições do anjo: Favorece as amizades, os estudos de astrologia, psicologia e esoterismo; influencia fortemente as pessoas para que se especializem e destaquem-se em pesquisas nessas áreas.

20 DE MAIO

Anjo Iah-hel - 20h20min às 20h40min - 20 de maio, 1° de agosto, 13 de outubro, 25 de dezembro, 8 de março - Salmo 118.

Atribuições do anjo: Ajuda a obter sabedoria, auxilia o aparecimento de ideias luminosas e a apaziguar a violência no mundo. Leva as pessoas a uma vida honesta e correta.

Ascendentes

O ascendente é o signo que aparece no horizonte na hora do seu nascimento. Em alguns aspectos, é tão importante quanto o seu signo solar ou lunar, já que suas atitudes mais extremas frente à vida são muito influenciadas por ele. Para identificar o seu ascendente, basta procurar no quadro abaixo a coluna correspondente à sua data e hora de nascimento (caso tenha nascido num país em que estava vigente o horário de verão, deverá descontar uma hora).

Você é Touro e nasceu entre:

21/04-30/04	*1º/05-10/05*	*11/05-20/05*	*ASCENDENTE:*
04:25-05:25	03:45-04:45	03:05-04:05	Áries
05:25-06:45	04:45-06:05	04:05-05:25	Touro
06:45-08:25	06:05-07:45	05:25-07:05	Gêmeos
08:25-10:55	07:45-10:15	07:05-09:35	Câncer
10:55-13:45	10:15-13:05	09:35-12:25	Leão
13:45-16:25	13:05-15:45	12:25-15:05	Virgem
16:25-19:05	15:45-18:25	15:05-17:45	Libra
19:05-21:55	18:25-21:15	17:45-20:35	Escorpião
21:55-00:15	21:15-23:35	20:35-22:50	Sagitário
00:15-02:05	23:35-01:25	22:50-00:45	Capricórnio
02:05-03:25	01:25-02:45	00:45-02:05	Aquário
03:25-04:25	02:45-03:45	02:05-03:05	Peixes

A seguir, pode-se verificar como cada ascendente influi em seu signo solar.

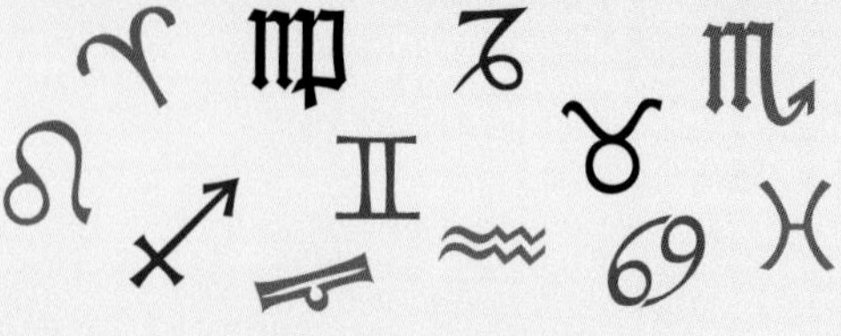

TOURO-ÁRIES

Se Touro possui o ascendente Áries, nada o detém na consecução do êxito em todas as esferas de sua vida. Áries proporciona a Touro mais impulso e entusiasmo, unindo seu espírito de continuidade à capacidade de rápida decisão. Ao conservadorismo associa-se o dom profético de Áries. Terá uma capa-cidade de resistência e concentração extraordinárias. Touro deve evitar o apego obstinado àquilo que tem, sem temer o amanhã. Um de seus valores mais poderosos é o seu entusiasmo na hora de experimentar novas ideias.

TOURO-TOURO

A posição acentua as características genuínas do signo: lealdade, paciência, formalidade, obstinação, tenacidade e amor à natureza. Suas decisões são firmes e definitivas, mas, lamentavelmente, esses traços podem fazer com que o Touro se apegue demasiado a uma rotina estabelecida e insista em não mudar, ainda que seja para melhor. Por outro lado, seu universo será o da realidade concreta, vivido de forma prática, sadia e jovial, com prazer e sensualidade.

TOURO-GÊMEOS

Touro apresenta a capacidade de ter ideias novas e levá-las a termo, numa posição invejável para conquistar o êxito. O ascendente Gêmeos ajuda-o a ser mais flexível e a ter mais liberdade de pensamento. No entanto, as tendências podem se enfrentar ou se alternar, provocando mudanças imprevisíveis. Afinal, este é o encontro de polos opostos: a estabilidade e a inconstância, a raiz e o movimento, a concentração e a dispersão de energia...

TOURO-CÂNCER

Os valores destes dois signos conjugam-se, acentuando a sensualidade, a ternura e a glutonaria. Esta combinação oferece mais segurança emocional e felicidade na vida doméstica. Touro deverá estar atento para que a comodidade não tome conta de suas ambições e objetivos a longo prazo. É demasiado fácil avançar feliz e protegido por caminhos já trilhados.

TOURO-LEÃO

Este nativo está decidido a ser uma estrela. Detesta passar despercebido, se tiver a possibilidade de ser o centro das atenções. Pode se mostrar egoísta e megalômano; rende-se a quem elogia sua vaidade. Está dotado para a música, o canto e o teatro, ramos em que, frequentemente, alcança êxito. Esta combinação reúne o temperamento artístico dos dois signos, o amor à beleza e à grandiosidade, até alcançar o elitismo. Deve, no entanto, ser menos rígido em suas opiniões e mais prudente em relação a projetos grandiosos.

TOURO-VIRGEM

Esta combinação é ideal se Touro quiser trabalhar incansavelmente, porque seu ascendente também demonstra ser muito disciplinado e organizado. O nativo esbanja senso prático e, até, maníaco. Por ser lógico, racional e ponderado, terá mais êxito em profissões comerciais ou na economia. Convém, no entanto, lembrar dos prazeres mais sensuais da vida, ou os demais vão tachá-lo de desinteressante e aborrecido. Suas vacilações frente aos compromissos e a prudência excessiva fazem com que perca muitas oportunidades.

TOURO-LIBRA

O encanto e a diplomacia estão aqui personificados. É a configuração da sedução e da sensualidade, pois ambos são regidos por Vênus. Touro-Libra é atração pura. Enfatiza o amor, a beleza física, a paz, a harmonia e as artes. Às vezes, pode faltar a iniciativa. Touro deve evitar a passividade, movendo-se em direção ao alvo que deseja alcançar.

TOURO-ESCORPIÃO

Estes dois signos estão um à frente do outro na roda zodiacal e representam valores opostos, mas complementares. Escorpião é apaixonado, destrutivo e autodestrutivo, frente a Touro, sentimental e construtivo. Poderá haver a intensificação do caráter possessivo e manipulador, daí a necessidade de aprender a respeitar o espaço alheio. No âmbito profissional, a expectativa é o aumento da capacidade de trabalho e da criatividade.

TOURO-SAGITÁRIO

Aqui Touro costuma encontrar facilmente o equilíbrio emocional. Amor e sensualidade serão sinônimos de bondade. Ele se torna muito mais extrovertido e aberto que os outros companheiros de signo, com uma veia otimista e aventureira que pode lhe trazer grandes benefícios e conquistas. Afinal, quando Touro é mentalmente estimulado e desafiado avança mais feliz e confiante.

TOURO-CAPRICÓRNIO

A dupla combinação do elemento terra pode levar a uma posição muito materialista e calculista, tanto da vida afetiva, como no âmbito profissional. Pode favorecer a paciência, a perseverança, a ambição, a estabilidade, a vida sentimental, a fidelidade, o respeito pela individualidade do outro e a longevidade. Um alerta: evitar a ambição exagerada.

TOURO-AQUÁRIO

O construtor e o humanitário, o concreto e o abstrato, a necessidade de segurança e a sede de liberdade: valores que podem se alternar ou entrar em conflito. Esta dupla, no entanto, não deixa de ser interessante. O nativo sob esta influência, se não pode conciliar os opostos, vive sua afetividade mais na imaginação que na realidade. É mais idealista e pouco convencional que os outros nativos de Touro. Sua vida não será tachada de monótona.

TOURO-PEIXES

Esta combinação une sensibilidade e sensualidade, com plenitude sentimental e carnal. A pessoa sob esta influência é carinhosa, amável e leal. A intuição une-se à concentração, o lado prático à visão sonhadora, o materialismo à profundidade de inteligência. Deixa-se levar pela vida com um ideal de beleza quase místico, com inclinação ao sagrado. Terá um dom inato para as artes. Um alerta: nos negócios, esse nativo deverá evitar ser tão compassivo e emocional. Os assuntos materiais também são importantes.